保育者のための
防災ハンドブック

国崎信江 著

ひかりのくに

はじめに

　日本は災害の多い国です。近年は毎年のように地震、豪雨、台風などで甚大な被害をもたらす災害が発生しています。加えて、地域によっては火山噴火、雪害などでも大きな被害が出ています。このような大規模災害の発生頻度の多さから、小さな子どもを預かる園では災害時の対応についての不安は尽きないと思います。私は全国で園の防災対策をテーマに講演していますが、会場でご聴講いただく職員皆様の雰囲気から「どうしたら子どもを守れるか」という真剣さ、熱意が伝わってきます。講演で伝えられる内容は時間的に限られていることから、これだけは知っておいてほしいという防災対策をこの書に取りまとめました。

　園で1冊というよりも、保育者がご自身の1冊としていつでも身近に置いていただけるような内容になっています。これまで多くの被災地で支援活動をしてきた中で、被災した園の実態を教訓に、災害が起きたとき自分はどうすればいいのかという「まずの対応」から、普段から何をしておけばいいのかという「備え」まで実践的で役立つ内容を丁寧に分かりやすく紹介しています。災害時の心の拠りどころとしてこの書を末永くご愛用いただければ幸いです。

危機管理教育研究所
代表　国崎　信江

この本は…
すぐに役立つ保育者のための防災ハンドブックです!!

1章 まずの対応

災害時に知っておきたい基本行動や、地震、津波、火災、大雨、台風、強風・竜巻、雷、火山噴火、大雪など、災害時の対応についてケース別に掲載しています。

2章 ケガの対応

応急手当てや救助・救命・搬送方法などを掲載。また、災害時におきやすい病気についても掲載しています。

3章 普段からできる対策

安全対策やハザードマップの活用、保護者との連携、備蓄などについて解説しています。災害に強い園になるために、日頃から備えておくことが大切です。

書き込み式付録

連絡先や連絡手段、マニュアルなど、災害時に役立つ情報をまとめられるようにしています。空白欄に必要な情報を書き込み、いざというときにお役立てください。

Contents 保育者のための防災ハンドブック

はじめに ・・・・・・・・・・・ **2**

この本は… ・・・・・・・・・・・ **3**

1章 まずの対応 ・・・・・・・・・ **9**

基本行動

10 保育者が取るべき命を守る3つの行動
保育者が生き延びなければ子どもたちは守れない！

12 揺れが収まった後の3つの行動
油断大敵！ 次の災害を予測して行動！

14 子どもたちには「いかあし」で伝えよう
慌てず、騒がずまず保育者が落ちつくこと！

16 災害対応の心構えは「たこあし」
「たこあし」をいつでも意識して行動する！

地震

18 保育室で地震が起きたら
体を守ることが最優先！

20 食事中に地震が起きたら
注意すべきは、「割れる」「濡れる」「汚れる」「滑る」

21 午睡時間に地震が起きたら
寝る場所は、徹底して安全な所に！

22 手洗い場やトイレで地震が起きたら
手洗い場やトイレでの身の守り方を伝えておこう！

23 ホールで地震が起きたら
広々とした空間では、非構造部材の被害に注意！

24 園庭で地震が起きたら
避難場所としての"園庭"を過信しないで！

26 ゲートやフェンスの近くで地震が起きたら
ゲート、塀、掲示板、看板から離れる！

28 散歩中に地震が起きたら
まず、"開けた場所"へ逃げる！

30 園外行事中に地震が起きたら
どこにいたら子どもを守れるか？ 想像力を働かせて対策を！

津波

32 地震が起きたら高い場所へ
50cmでも溺死の可能性あり！ 津波の高さを侮らない！

火災	34	**園内で火災が起きたら** 本当に怖いのは炎より煙！ 一刻も早く逃げよう！
	36	**近隣で火災が起きたら** どの程度の火災かすぐに確認を！
大雨	38	**大雨のときは** 危険を感じたときには遅い！ 早めに自主避難する決断を！
台風	39	**台風がきたら** 台風が接近してきたら強風対策を！
強風竜巻	40	**強風・竜巻が起きたら** 窓のない部屋で身を守る！
雷	42	**雷が近付いたら** 雷は高い所に落ちる！ ゴロゴロ音で屋内へ逃げる！
火山噴火	43	**火山が噴火したら** 降灰の影響は広範囲！ 都市部でも気を抜かない！
大雪	44	**大雪が降ったら** 大雪の先を読んで早め早めの行動を！

被災から再開・復興までのタイムスケジュール

46 **災害発生！**
子どもも、保護者も、保育者も、心のケアが大切！

Column 1　50　「大丈夫？」はNGワード？

Contents 保育者のための防災ハンドブック

2章 ケガの対応・・・・・・・・・・51

救助の基本

- 52 **救助の基本行動**
  半数が重軽傷!? 最悪の事態を想定して行動
- 54 **安全装備**
  救助者が安全でなければ誰も助けられない!
- 56 **閉じ込められた人を助ける**
  常に救助器具の代用品を探す
- 58 **下敷きや挟まれた人を救う**
  女性の力でも救助できる! と自信を持って行動する
- 60 **ロープの使い方**
  状況に応じて最適なロープの結び方を知っておくと安心!

救命方法

- 62 **心肺停止**
  万が一、AEDがない場合にも救命措置がとれるように!

応急手当て

- 64 **止血**
  命に関わる出血を最優先で止血する!
- 66 **ねんざ・骨折**
  ねんざも骨折も動かさないための手当てをする!
- 68 **脱臼・打撲**
  打撲後の様子がおかしければ迷わず搬送!
- 70 **やけど**
  やけどは、重症度と範囲ですぐに判断する
- 72 **脱水症・熱中症**
  子どもは脱水弱者! 脱水のサインを見逃さない
- 73 **低体温症**
  低体温症は死亡率の高い恐ろしい疾患!

災害時の疾患

- 74 **クラッシュ症候群**
  2時間以上、下敷きになったらクラッシュ症候群を疑おう!
- 76 **エコノミークラス症候群**
  災害時だけでなく、日頃から注意を!

搬送方法 78 **搬送方法の基本**
搬送中の安全確保を徹底する！

80 **搬送方法**
誰かの助けがなければ、命は守れない！

Column 2 82 **「さらし」は万能ツール**

3章 普段からできる対策・・・・・83

安全対策 84 **普段からできる6つの防災貯金**
毎日少しずつ防災貯金を！

86 **保育室**
家具は、重さや低さに関係なく
凶器になると認識すべし！

88 **教材庫**

89 **倉庫**

90 **休憩室・ロッカー**

91 **事務室・保健室**

92 **ホール**

93 **エントランス（出入り口）**

94 **ハザードマップ**
園の災害リスクの特性を聞く！ 知る！ 共有する！

Contents 保育者のための防災ハンドブック

- **連携** 96 **保護者との連携**
  共に学び、助け合う意識で保護者と連携！

- **備蓄** 98 **クラスとしての備蓄**
  子どもに必要な物は保護者に
  "自助バッグ"を用意してもらおう

- 100 **保育者個人としての備蓄**
  自分に必要な物は、ロッカーや机に入れておこう

- 102 **園としての備蓄**
  園の規模・状況に合わせて臨機応変にカスタマイズを！

- 104 **散歩の所持品**
  毎日の散歩が防災訓練！
  いつも災害シミュレーションを

- 105 **遠足の所持品**
  知らない場所へ行くときがいちばん危険！と心して

書き込み式付録 ・・・・・・・・・106

- 106 **安否確認の連絡手段**

- 108 **災害時に役立つ施設/連絡先**
  ●災害時に役立つ施設
- 109 ●災害時に役立つ情報収集先

- 110 **自分と家族に役立つ防災情報**
  ●家族の情報
- 111 ●家族の防災マニュアル

1章

まずの対応

災害時に知っておきたい基本行動、地震、津波、火災、大雨、台風、強風・竜巻、雷、火山噴火、大雪など、ケース別に掲載！事前にチェックしておきたいことや、防災教育の基本なども紹介しています。災害時にはもちろん、普段からもお役立てください。

保育者が取るべき命を守る3つの行動

1章 まずの対応 / **基本行動**

① 「離れて」

倒れる家具の横に移動

② 「守って」

ダンゴムシのポーズ

③ 「生き延びる」

保育者が生き延びなければ子どもたちは守れない！

まずはこれから！

まず 基本行動　保育者が取るべき命を守る3つの行動

《まずは、危険な物から離れる》
- 揺れたらすぐに、危険な家具や物（倒れそうな物や窓ガラス　など）から離れる。

《安全な所で体を守る》
- 頭と体を守るためにダンゴムシのように丸くなって身を守る。
- 近くに頭を守れる物があれば、それを使って、頭を守る。

《けがをしていたらすぐに手当てを》
- 自分や子どものけがの有無を確認する。
- 手当てが必要なら重症者から優先して行なう。
- 周囲の被害を見て応援が必要ならすぐに要請する。

1章 まずの対応 — 基本行動 揺れが収まった後の3つの行動

❶「より安全な場所に移動」

まず逃げる！

❷「報告・連絡」

落ち着いて正確に！

❸「子どものケア」

普段どおりに！

油断大敵！
次の災害を予測して行動！

これだけはおさえよう！

まず 基本行動 揺れが収まった後の3つの行動

《2次被害に備える》
- 速やかにヘルメットをかぶり、子どもにもかぶらせる。
- 余震、火災、津波、土砂崩れなどの発生を考える。
- 室内、園庭、ホール、地域でより安全な場所はないか考える。

《安否・被害・活動報告》
- 主任の保育者や園長に、子どもたちの状況や、室内や園内の被害状況を報告する。
- 保護者に子どもを引き渡す準備をする。
  （クラス名簿、筆記具の他、あれば腕章で園の職員の立場を示す。）

《楽しいことに集中できるように》
- 保護者を待つ間、子どもたちに声掛けと笑顔を心掛ける。
- おやつや絵本、手遊びなどで安心させる。
- 子どもの変化（熱中症や低体温症 など）に気を付ける。

1章 まずの対応 — 基本行動
子どもたちには「いかあし」で伝えよう

い　移動する

- 危険な場所から移動する。
- 押し合わないように逃げる。

か　体を守る

- 近くにある物で頭を守り、何もなければダンゴムシのポーズで頭を守る。

慌てず、騒がず まず保育者が落ち着くこと！

深呼吸で落ち着いて！

まず 基本行動 子どもたちには「いかあし」で伝えよう

あ 足元を見る

- 足元に危険な物がないか、よく見る。
- 危険なときは、靴を履いてから動くか、本などを床に置き、その上を歩かせる。

し 知らせる

ぶじだよ！

- 「ぶじだよ！」「いたいよ！」「ちがでたよ！」など、自分の居場所や状態を大人に伝える。

いたいよ！

1章 まずの対応 — 基本行動
災害対応の心構えは「たこあし」

た　頼る

- 自分だけで頑張ろうと抱え込まない。
- 同僚、保護者、地域、行政に頼ろう！

こ　コンビで行動

- 保育者は必ず2人1組のコンビで行動。
- 近隣に出掛けるときも「コンビで行動、30分毎に連絡・報告」を基本に。

※ 二次災害に巻き込まれないようにするため。

「たこあし」をいつでも意識して行動する！

まず 基本行動 災害対応の心構えは「たこあし」

あ　安全の確認・確保

- 余震、火災、津波、土砂崩れなど、常に周囲の安全確認をする。
- 立ち入り・通行禁止措置などを素早く行なう。
- 防災ヘルメットをかぶる。

防災ヘルメットのかぶり方
①目が隠れないよう水平にかぶる。
②下を向いても、ずれないようにあごひもを結ぶ。
③頭囲ベルトを調整して、頭にぴったりと合わせる。

し　情報収集と共有

- 正確な災害情報（国・自治体・NHKなど）を収集して全職員で共有。
- 近隣の被害の確認（道路の損壊状態や火災発生状況　など）

※ ノーパンクタイヤの自転車があると、迅速に見て回れる。

1章 まずの対応 （地震） 保育室で地震が起きたら

危険な物から離れて体を守る！

保育者は、「離れて・守って・生き延びる」の基本行動（P.10）を、子どもには「いかあし」の基本行動（P.14）で体を守ります。
日頃からの固定や片付けの習慣が、被害の軽減につながります。

物が倒れてこない場所へ移動しよう！

窓際から離れる

ロッカーの上や中から飛び出す物に注意

固定していても過信せず家具から離れる

固定されていないテーブルからも離れる

体を守ることが最優先！

まずはこれから！

まず 地震 保育室で地震が起きたら

裸足保育の場合は、その場から動かないように！

裸足の子どもは、靴を持ってくるまでその場から動かないように指示します。

割れたガラスを踏んで、足をけがすることも！

全員分の上履きを準備

園児全員分の上履きを、ガラス片が入らないように袋にまとめておきます。上のクラスの子どもが小さくなって履けなくなった上靴を、保護者からもらうのも一案です。

あらかじめ用意しておくと安心！

（防災教育のヒント）

危険な物探しゲーム

ピアノや棚の上に置いている物、出入り口を塞ぐラックなど、危ない物を見つけるゲームにして、子どもたちと一緒にチェックしましょう。

1章 まずの対応 （地震）食事中に地震が起きたら

注意すべきは、
「割れる」「濡れる」「汚れる」「滑る」

> 転んでけがしないように！

食事中はテーブルから離れる！

テーブルの上には、食事や飲み物などがあり、揺れで食器が割れたり、体にかかったり、滑ったりと、大変危険です。できるだけテーブルから離れましょう。

> 陶製の食器は、飛散に注意！

✓事前にチェック

食事スペースの安全
- [ ] キャスター付きワゴンは固定しているか？
- [ ] テーブルは固定しているか？
- [ ] ランチスペースに避難する安全な空間をつくっているか？
- [ ] 床を拭く布やモップ、タオルなどを近くに置いているか？

> 地震

午睡時間に地震が起きたら

寝る場所は、徹底して安全な所に！

無防備な状態だからこそ安全に！

棚のそばで寝ている子どもを移動させ、タオルケットで頭と体を守る！

タオルケットや毛布、身の回りにある物は全て防災グッズとして頭や体を守るために活用します。「タオルケットで体を守って！」と声を掛けましょう。

子どもにタオルケットを掛けて守る

布団またはコットの配置は、安全な場所・逃げやすいレイアウトに！

身支度と靴を履いて避難

揺れが収まったら、上着や靴下、靴を身に着けさせます。避難までに余裕がある場合は、ヘルメット、冬場は長袖、長ズボンの身支度をさせます。

まず
地震
食事中に地震が起きたら

午睡時間に地震が起きたら

1章 まずの対応 （地震） 手洗い場やトイレで地震が起きたら

手洗い場やトイレでの身の守り方を伝えておこう！

しっかりつかまろう！

しゃがんでつかまる！

手洗い場やトイレは、園内でも比較的安全な場所です。身を低くして、固定されている物につかまるように伝えましょう。ガラス窓や鏡からは離れさせます。

トイレ中に揺れたとき

てすりなどにつかまるか、頭上の落下物から頭を守ります。揺れが収まり、断水していなければ、使用後のトイレはすぐに流しましょう。

壁や手すりをつかむ

両手で頭を守る

地震 ホールで地震が起きたら

広々とした空間では、非構造部材の被害に注意！

落ちる物に注意！

非構造部材の危険性

耐震性のある建物であっても、天井材などの非構造部材（天井材、外装材、内装材、窓ガラス、照明器具 など）が落下することもあります。

窓、ピアノ、遊具などから離れ、天井の落下物からも頭を守りながら、入り口の近くに避難しましょう。

まず 地震 手洗い場やトイレで地震が起きたら

ホールで地震が起きたら

1章 まずの対応 園庭で地震が起きたら

✓事前にチェック

敷地の地盤をチェック

ハザードマップで、液状化の危険性や地盤情報を確認しましょう。埋め立て地、盛り土などの軟弱な地盤では地割れや液状化することもあります。その場合は園庭に避難することが適切とは言えません。また、園庭で遊んでいるときはどうするかも考えておきましょう。

すべり台・大型遊具など

高い所にいる子どもには「しっかりと遊具を握ってつかまって」と声を掛ける。下にいる子どもには、遊具から離れてダンゴムシのポーズをするよう指示します。

ココが注意！Point

砂場

周りに落下物や倒壊する物の危険がなければ、ダンゴムシのポーズで体を守って、その場で待機する。

避難場所としての"園庭"を過信しないで！

まずはこれから！

まず　地震　園庭で地震が起きたら

ブランコ

すぐにブランコから降りて離れるように指示します。

プール

プールの中の子どもたちには、プールの縁やはしごにしっかりつかまるよう声を掛ける。驚いて溺れている子どもがいないか確認し、出るときには、滑って転ばないように注意を促します。

普段からそばに足拭きマットと、すぐに体を保護できるバスタオルを置いておきましょう！

ゲートやフェンスの近くで地震が起きたら

1章 まずの対応 / **地震**

保護者の協力が不可欠

ゲートやフェンスも耐震性がないと倒壊の危険があります。
登降園時の安全確保のためには、保護者の協力が不可欠です。耐震強度についての情報を公開し、災害時の危険性を知ってもらい、身の守り方を周知しましょう。

ゲート

アーチ型ゲートの破損、掲示板や看板の倒壊の危険を考えて離れましょう。

掲示板や看板から離れる

ゲートから離れる

ゲート、塀、掲示板、看板から離れる！

倒れる危険も！

まず地震 ゲートやフェンスの近くで地震が起きたら

フェンス・ブロック塀

子どもがフェンス・ブロック塀の近くにいたら、すぐに離れるように指示します。園庭にいる子どもには「みんな集まれ！」と声を掛け、その場でしゃがんで様子を見ます。

- フェンスやブロック塀からすぐに離れさせる
- 安全な場所で「みんな集まれ！」と声掛けする

防災教育のヒント

みんな集まれ！ 訓練

担任でなくても、「みんな集まれ！」と声を掛けたら、すぐに集まる・体を守る・待機することができるように訓練をしておきましょう。

みんな集まれ！

27

1章 まずの対応 　地震　散歩中に地震が起きたら

✓事前にチェック

街中で危険な物

☐ 看板　☐ 信号機　☐ 電柱　☐ 街灯　☐ 窓ガラス
☐ アーケード　☐ ブロック塀　☐ 植木鉢　☐ 自動販売機
☐ 室外機　☐ 屋根瓦　☐ 道路の亀裂　☐ マンホール　☐ 橋
☐ 車　☐ 駐車中のバイク　☐ 木造住宅密集地　☐ 高架下

安全な開けた場所へ

散歩ルートでは、いつも危険な場所・安全な場所をチェックしながら歩きましょう。屋外では、倒壊や飛来物のない安全な"開けた場所"へ逃げます。
パーキング（平置き）、公園、空き地など、開けた場所を事前に探しておきましょう。

パーキング

公園

空き地

頭をガードさせ危険な場所から離れる

手をつないでバラバラにならないように

まず、"開けた場所"へ逃げる！

事前にcheck！

まず
地震

散歩中に地震が起きたら

ブロック塀に注意

ブロック塀は倒壊の危険があるので、すぐに離れます。

電線に注意

切れている電線は、感電することがあるので近寄らず、絶対に触らないように伝えましょう。

頭を守る！「クロス」でガード

落下物からとっさに顔と頭を守るために、**手首を内側に向けて**握りこぶしをつくり、顔の前で「クロス」のポーズをとる。

1章 まずの対応 （地震） 園外行事中に地震が起きたら

✓事前にチェック

園外保育の下調べ

目的地の下調べでは、もし、ここで地震や津波が起こったら？ と考えて以下の点をチェックしましょう。

- ☐ 目的地の災害特性（ハザードマップで確認）
- ☐ 目的地に近い広域避難所、一時避難場所、避難所
- ☐ 目的地に近い災害時（緊急）医療救護所
- ☐ 園や関係者との緊急連絡手段
- ☐ 保護者の引き取り方法（おたよりで知らせておく）

危険な場所からの移動

ハザードマップで危険性を調べる

避難所までの安全なルートを考えておく

施設・交通機関では、職員の指示に従う！

どこにいたら子どもを守れるか？
想像力を働かせて対策を！

下調べに防災の視点を！

まず 地震

園外行事中に地震が起きたら

✓ 事前にチェック

園外保育に携帯する防災グッズ

※ 全ての園備品に園名を記入しておく

- □ ハザードマップ
- □ 防災マニュアル
- □ 誘導ロープ
- □ 笛
- □ 旗・腕章
- □ 応急手当て用品
- □ クラス名簿
- □ 携帯電話と充電器
- □ 防災ラジオ
- □ 拡声器
- □ ブルーシート
- □ 携帯トイレ
- □ 大きいビニール袋
- □ トランシーバー

給水にも寒さよけにも使える！

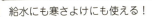

スマートフォンに入れておきたいアプリ

外出先ではスマートフォンを防災ツールとして活用しよう！

- ● 防災情報アプリ
- ● 避難所ガイドアプリ
- ● 懐中電灯アプリ
- ● 緊急ブザーアプリ
- ● 気象予報アプリ
- ● 自治体の防災アプリ
- ● 救命・救急補助アプリ
- ● 安否確認アプリ　など

スマホの充電器（モバイルバッテリー）、ケーブルも忘れずに！

1章 まずの対応 （津波） 地震が起きたら高い場所へ

津波にいち早く気付くには

津波は地震の揺れを感じなくても襲ってくることもあります。海遊びをしているときは、ラジオを流し続け、防災無線やライフガードの近くで遊ぶようにしましょう。また、津波警報を聞いたら、近くの高台、津波避難ビル、頑丈で高い建物に避難します。避難したら、絶対に戻らないように！

津波注意報・警報が発令されたら

小さな揺れでも津波は起こります。ここまでは来ないと過信せず、より高い所に避難しましょう。

すぐに避難開始

遠くより、より高い所へ

津波注意報・警報が発令されたら…

	予想される津波の高さ		巨大地震の場合の発表
	高さの区分	発表する値	
大津波警報	10m〜	10m超	巨大
	5m〜10m	10m	
	3m〜5m	5m	
津波警報	1m〜3m	3m	高い
津波注意報	20cm〜1m	1m	表記しない

30cm〜50cmでも危険

50cmでも溺死の可能性あり！
津波の高さを侮らない！

海のない地域の人も知っておこう！

まず 津波 地震が起きたら高い場所へ

津波の怖さ

津波は第1波より第2・3波の方が高いこともあります。また、津波は、時速40km程度で襲ってくるといわれ、津波2mで木造建築が流されてしまうことも。津波30〜50cmでも大人の足がとられてしまいます。

「揺れたら津波」は
もはや日本人の常識

震源地では、津波警報・注意報の発令が間に合わないこともあります。情報を過小評価して逃げ遅れることのないように。「揺れたら津波」と考えてすぐに避難しましょう。

海辺でオレンジのフラッグを見たら

それは津波の合図です。津波注意報や警報が出たら、海岸でオレンジのフラッグを揚げて、海水浴客に津波の発生を知らせて避難を促そうという取り組みが全国各地に広がっています。まだ全ての海岸で導入されていませんが、海辺でオレンジのフラッグを見たら、急いで海から上がり、高台に避難しましょう。

1章 まずの対応 （火災） 園内で火災が起きたら

初期消火と避難・通報

火災に気付いた人は初期消火、火災の知らせを聞いた人は避難誘導・通報の2軸で行動します。

見たら消火

大声で火事を知らせる

↓

初期消火

↓

すぐに避難

聞いたら避難・通報

煙が充満する前に避難

↓

点呼・119番通報

↓

けがの確認と保護者への連絡

※ 初期消火をした人は、消火できたかどうかを消防職員に報告しましょう。

消火器はピン・ホース・レバーで覚えよう

①安全**ピン**を抜く。

②**ホース**を火元に向ける。

③**レバー**を握る。噴射時間は10～20秒。

本当に怖いのは炎より煙！
一刻も早く逃げよう！

まず 火災 園内で火災が起きたら

煙は想像以上に速くて怖い

煙が広がるスピードは、想像以上に速いのです。煙で視界が遮られるだけでなく、煙を吸うと一酸化炭素中毒・呼吸困難・気道や肺のやけどなど、様々な危険があります。

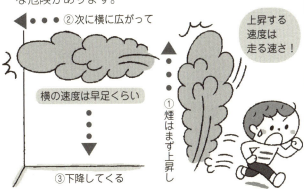

間違わないで！　避難誘導の基本

①煙が充満する前に逃げる。防災ずきんやハンカチを探すより、早く外に出ることを優先する。
②煙が出てきたら、姿勢を低くして逃げる。
③煙で出口が見えなくなったら、壁伝いに逃げる。

電気火災にも注意

園内の電化製品からの火災にも注意しましょう。
1つのコンセントに15アンペア以上の電化製品を使っていないか、容量オーバーの使用に気を付けて！

1章 まずの対応 　火災　近隣で火災が起きたら

情報収集と避難準備を！

火災が近隣で起きたとき、情報収集と避難準備開始の2軸で行動します。現場に確認に行くときは、2人1組のコンビで、どのような状況でも30分以内に必ず園に戻って報告するというルールを徹底しましょう。

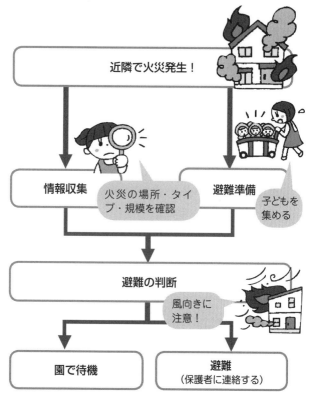

どの程度の火災か すぐに確認を！

地域の火災にあわてないように

まず 火災 近隣で火災が起きたら

火災の情報収集先

火災の現場にいる消防職員・団員や、自治体や消防本部のホームページから、情報を収集します。SNSは嘘の情報もあるので要注意！

広域避難場所を確認！

自治体が指定する広域避難場所は、事前に確認しておきましょう。大規模な火災や爆発があった際は、早めに避難し保護者に連絡を！

防災教育のヒント

衣服に火が着火したらゴロゴロ消火

走り回るとより激しく燃えるので、走らずに炎を地面に押しつぶすように、ゴロゴロと転がる消火方法を、子どもに練習させましょう。

※ 顔をやけどしないように手で覆う。

1章 まずの対応 　大雨　大雨のときは

> 危険を感じたときには遅い！
> 早めに自主避難する決断を！

これだけはおさえよう！

自主避難の目安を決める

自治体の避難情報で避難を開始することが、必ずしも適切とは限りません。情報が間に合わないこともあるので、特に洪水の危険性の高い地域にある園は、自主避難の目安を決めて浸水前に避難するように心掛けましょう。

自主避難の目安例

- 連続雨量100mm、かつ時間雨量が30mmを超えたとき
- 連続雨量150mm、かつ時間雨量が20mmを超えたとき
- 連続雨量200mm、かつ時間雨量が10mmを超えたとき

時間雨量の強さ

10～20mm未満／時

室内で声が聞き取れない

30～50mm未満／時

バケツをひっくり返したように降る

この降雨量になったら、気持ちを警戒モードにする。

50mm以上／時

滝のようにゴオゴオと降る

この降雨量では必ず災害になると思って即行動する。

避難するタイミングと場所を考える

道路が冠水したら、外に出ずに園の2階に避難する方が安全な場合もあります。洪水ハザードマップでどれほど浸水するのか、そのレベルを確認して判断しましょう。

台風 台風がきたら

台風が接近してきたら強風対策を！

これだけはおさえよう！

まず 大雨 **大雨のときは**

台風 **台風がきたら**

園内でやること

台風は予報が出るので休園を予定しやすいです。もし保育中に進路を変えた台風が接近してきたら、保護者への連絡や停電・断水対策（ランタン、災害用トイレの準備　など）を行ないます。

室内の窓ガラス対策

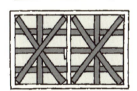

窓ガラス
窓ガラスの内側から、養生テープを貼る。

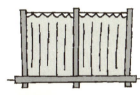

カーテン
窓カーテンの合わせ部分や裾をガムテープで固定する。

降園時・引き渡し時に保護者に伝えること

- 海・河川・用水路の近く、アンダーパスを通らない。
- 傘を差さない（レインコート、ポンチョ着用）。
- 子どもの手をしっかり握って離さない。
- 子どもにヘルメットをかぶらせる。
- ひどくなったら無理に帰らせず、保護者と一緒に園内に滞留させる。

1章 まずの対応 　強風竜巻　強風・竜巻が起きたら

強風・竜巻は猛スピードで家や木をなぎ倒す

竜巻は、木造家屋、看板、車、街灯、街路樹を猛スピードで巻き込んでなぎ倒します。発生後数分〜数十分で甚大な被害をもたらします。

強風・竜巻が接近したら建物の中へ逃げる

園内
- 窓、ドア、外壁から離れる
- 窓を閉めて、カーテンを目張りする
- 建物の中心部にある、窓のない場所に逃げる
- 園庭にいたら、園内にすぐ駆け込む

園外
- プレハブ物置には逃げ込まない

ヘルメットをかぶって窓のない部屋に

子どもたちにヘルメットと靴を着用させて、窓のない部屋に集めます。

窓のない部屋で身を守る！

これだけはおさえよう！

まず 強風・竜巻が起きたら
強風 竜巻

もし散歩や園外保育で外にいたら？

地域の人に助けを求めて、マンションやオフィスビルなどの鉄筋コンクリートの建物に避難しましょう。

竜巻をもたらす積乱雲のサイン

- 低く黒い雲（積乱雲）が近付く。
- 急に冷たい風が吹く。
- 雷の光が見え、雷鳴が聞こえる。
- 大粒の雨やひょうが降る。

竜巻が間近に迫ってくるサイン

- 土煙が近付いてくる。
- ゴーッという音がする。
- 物やごみが巻き上げられる。
- 気圧の変化で耳に異常を感じる。

積乱雲のサインに気付いたら、すぐに建物の中に逃げる

竜巻の情報は

竜巻発生確度ナウキャスト（10分毎に情報提供）
https://www.jma.go.jp/jp/radnowc/

1章 まずの対応 雷 雷が近付いたら

雷は高い所に落ちる！
ゴロゴロ音で屋内へ逃げる！

すぐに建物の中へ！

音が小さくても油断大敵

ゴロゴロという雷鳴が小さくても、また、稲光が遠くに見えていても、落雷の危険性があります。

雷の音や光に気付いたら屋内へ

遊具の上や木の近くにいる子どもは特に危険です。すぐに子どもを建物の中に入れましょう。電気器具、天井、壁から1m以上離れた部屋の中央に子どもたちを集めます。雷鳴を怖がる子どもは、抱きしめるなど、落ち着かせましょう。また、水道の蛇口などの金属類に触らせないようにし、落雷時の停電に備えます。

プールや海にいるときは、落雷で感電の危険が！
すぐ水から上がるようにしましょう。

雷の情報は

雷ナウキャスト（10分毎に情報提供）
https://www.jma.go.jp/jp/radnowc/

火山噴火 火山が噴火したら

**降灰の影響は広範囲！
都市部でも気を抜かない！**

ハザードマップをcheck！

噴火警報レベルに応じた避難行動を

噴火警報レベルで、避難か園で引き渡しかを判断します。

噴火

情報収集

避難

引き渡し

避難時の注意

避難前に余裕があるなら、室内の電子機器をポリ袋に入れ、口を結んでおきます。また、机やピアノ、ロッカーはブルーシートで覆っておきます。降灰は子どもたちに、結膜炎、ぜんそく、呼吸器疾患、皮膚の炎症など、様々な影響を与える恐れがあるので、できるだけマスク、水泳用ゴーグル、ヘルメット、手袋、ポンチョ、長靴を身に着けさせましょう。

1章 まずの対応 　大雪　大雪が降ったら

なるべく屋内に留まる

社会機能が麻痺するような大雪になりそうなら、早めに保護者に引き取りの連絡をします。電車や道路の最新情報をまめにチェックして保護者に知らせます。車の立ち往生や通行止めなどの道路状況によっては、保護者と子どもを無理に帰さないように。

停電・応急処置に備える

- 大雪による停電に備えましょう。

　照明：LED投光器、ランタン。

　暖房：洋服を重ね着させる。発電機、ヒーター、毛布の準備。
　　　　おしくらまんじゅうで遊ぶ。
　　　　1つの部屋に子どもたちを集め、カイロや毛布で温める。

　食料：防災食やおやつを準備。

- 水道管の凍結対策をする。
- 保護者が安全に来られるよう、出入り口の除雪を行なう。

大雪の先を読んで早め早めの行動を！

これだけはおさえよう！

まず　大雪　大雪が降ったら

もし子どもの具合が悪くなったら？

車での病院搬送に備えましょう。車のチェーン装着、バッテリーチェック、除雪スコップで駐車場と公道までの雪かきを行ないます。自力で搬送できないときは、消防・警察に救助要請を行ないます。

ワイパーを立てておく

マフラーが雪に埋まらないように注意

大雪に関する情報収集を！

テレビ、ラジオ、インターネットで大雪に関する最新の気象情報を収集します。保護者にも園の周囲の積雪状況や道路状況を伝えましょう。

積雪の情報は

> **アメダス**（積雪深）
> https://www.jma.go.jp/jp/amedas/000.html?elementCode=4l
>
> **気象庁**（積雪情報リンク）
> https://www.data.jma.go.jp/obd/stats/etrn/snow/linksnow.html

落雪に注意！大雪の翌日以降も危険

大雪の後に晴れたり、雪が緩んだりして落雪することがあります。過去には、屋根からの落雪による子どもの死亡事故もありました。目を離したすきに、子どもが近付く恐れもあります。大雪後は、ポールを立てるなど、屋根の下に近寄らせない対策をしましょう。

被災から再開・復興までのタイムスケジュール

災害発生！

発災
- 保育者と子どもの命を守る行動
- 全員の安否確認及び救助
- けがの確認と応急手当て

避難の判断
- 体を保護するための身支度
- 災害状況に応じて避難の判断
  （2次災害の予測、地域の被害状況の確認、災害情報の確認　など）
- 防災用品活用の準備

連絡
- 関係機関へ連絡
- 保護者へ連絡
- 保護者への引き渡し準備

引き渡し
- 心のケア
- 保護者への引き渡し（緊急連絡先の確認）
- 保護者と連絡がつかない子どもの対応

後片付け・被害調査
- 園内の被害状況確認
- ライフラインの被害状況確認
- 被害状況を撮影・記録後、応急修理、立入禁止措置、障害物の除去、片付け
- ライフライン・設備業者への連絡（補修依頼　など）

避難所の機能について確認
- 地域の被災状況から避難所として開放するか検討
- 保護者からの要望があれば子どもの一時預かりを検討
- 行政や関係機関との相談・調整
- ボランティア受け入れの検討
- 避難所としての支援内容・受け入れ期間の確認

▼次ページへ続く

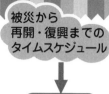

被災から
再開・復興までの
タイムスケジュール

休園の判断

- 被災状況に応じて休園・継続の判断
- 関係機関に連絡・報告
- 保護者に園の状況報告（園の被害状況、休園予定期間、継続時の保育内容の変更点 など）
- 保護者の被害状況や今後の予定の確認（自宅の状況、避難先、緊急連絡先、子どもの様子、転園の意向確認 など）
- 連絡の取れなかった保護者の報告
- 自宅または避難所にいる子どもの定期訪問（1週間に1回 など）
- 避難所などの仮設保育所で一時保育をするかどうかの決定と準備

再開へ

- 工事の見積り
- 補修・建替の判断
- 園の再開に関する検討会（行政や関係機関と）
- 給食提供方針の決定
- 保護者へ保育再開の連絡
  （日程、持参する物、保育時間、周辺の道路や交通状況、給食の有無、安全な通園アドバイス など）

子どもも、保護者も、保育者も、心のケアが大切！

心のSOS見逃さないで！

↓

ケア

- 子どもの気になる行動をチェック
- スキンシップを心掛ける
- 保護者との連絡を密にする
- 園の再開直後は、カリキュラムなどの型にはめず、子どもが楽しいと感じることを優先させる

✓チェック項目

PTSD（心的外傷後ストレス障害）の症状

- ☐ 寝つきが悪く夜中に目を覚ます
- ☐ 大きな音に驚く
- ☐ 体が緊張しやすい
- ☐ イライラしやすい
- ☐ 表情が乏しくなる
- ☐ 元気がなくなる
- ☐ 楽しかったことに興味がなくなる
- ☐ 物事に集中できない
- ☐ 感情の起伏が激しい
- ☐ 災害を思い出すと心臓がドキドキしたり息苦しくなる

子ども・保護者・保育者も、項目のような症状があれば、専門医に相談を！

保育者の方々も被災されているので大変ですが、余裕があれば休園中も子どもや保護者を訪問して、心の支えになってあげてください。園の再開後も、不安になりがちな子どもの心に寄り添うケアを心掛けましょう。
また、保育者の皆さんも仲間で被災体験を話し合うなどして、ご自分だけで抱え込まずに不安をやわらげる工夫をしてください。

Column 1

「大丈夫？」は NGワード？

「大丈夫？」は優しい声掛けの言葉ですが、安否確認時には使わないようにしましょう。なぜなら、人は「大丈夫？」と聞かれると、けがをしていても「大丈夫」と答えてしまうことがあるからです。「大丈夫？」という曖昧な聞き方ではなく、「血は出てる？」「どこか痛いところはある？」など、具体的に問い掛けて、けがの有無や体調を確認しましょう。ただし、子どもの不安を和らげるときに使う「大丈夫よ」という声掛けは有効です。つまり、「大丈夫」という言葉を使うタイミング（状況）を考えて使い分けましょう。

災害直後の声掛け例

- どこかけがをしている人はいますか？
- 頭やおなかが気持ち悪い人はいますか？
- 近くにけがをしている人はいませんか？　など

心のケアを目的とした声掛け例

- 先生がそばにいるから大丈夫ですよ。
- まだ少し揺れるかもしれませんが、大丈夫ですよ。

2章

ケガの対応

応急手当てや救助・救命・搬送方法などを解説しています。対応を確認・保育者間で共有しておくことが大切です。また、普段はあまりかからないけれど、災害時におきやすい病気もあります。知らないことで重症化することもあるので、保育者として知っておきましょう。

2章 ケガの対応 救助の基本 救助の基本行動

大勢がけがをした場合を想定し、どの程度のけがや出血から優先的に対応するのか、優先順位を決めておきましょう。

❶ 発見し、応援を呼ぶ

無理に自分一人で行なおうとせず、近くにいる保育者などに応援を求める。

❷ 自分の身を守る装備をする

救助活動のときは、ヘルメットや手袋など安全装備をして行なう。
(P.54 参照)

❸ 資機材で効率的に救助する

相手に声掛けをして安心させながら、けがの程度を確認し、資機材を用いて効率的かつ効果的に救助する。

半数が重軽傷!?
最悪の事態を想定して行動

まずはこれから！

救助の基本行動

ケガ 救助の基本

❹ 安全な場所に移す

救助後は安全な場所へ移動させる。なければ、瓦や木片、ガラスなどの危険な物を取り除き、安全な空間を確保する。

❺ すぐに応急手当てをする

けがをしていたり、意識がなかったりしたらすぐに、応急手当てや救命措置を行なう。(P.62参照)

❻ 搬送する

搬送先・搬送者・搬送方法を決めて、速やかに医療機関に搬送する。(P.78参照)

安全装備

2章 ケガの対応 / **救助の基本**

安全装備のためのグッズ

緊急時には急ぐあまり、先に手を出しがちですが、救助者がけがをしたり感染したりすれば、自身も被災し、被害が大きくなります。まずは自分の身を守るためのグッズを装着しましょう。

頭・目・手・足を守る！

＼優先！／
ヘルメット（または帽子）

夜間の作業に備えてヘッドライトを付けておく

安全ゴーグルもあれば Good！

マスク

粉塵やほこりから気道や肺を守る

服装

体を保護するために長袖が基本。夏でもすぐに羽織れる物やアームカバーを用意する

＼最優先！／
手袋

軍手ではなく、突き刺さりにくい素材の作業手袋を用意する

安全靴（または厚底の靴）

床に飛散したガラスや、落下した物から足を守る

救助者が安全でなければ誰も助けられない！

これだけはおさえよう！

救助する空間の安全確保

- 火災に備えて消火器を用意する
- 周りの家具や倒壊物を移動して避難路を確保する
- 救助中は、常に周りの安全に配慮する
- 床の危険物を撤去する
- ガス漏れを確認する

ケガ 救助の基本 安全装備

ブランチテスト
爪の赤みで分かる重症度！

指で爪を5秒押さえて離す
⋮
2秒以内に赤みが戻らなければ重症

要救助者のショック症状のサイン例
- 浅く早い呼吸をしている
- 爪の赤みが2秒以内に戻らない（ブランチテストで確認）
- 単純な指示に従えない

死に至ることも！

2秒後…

2章 ケガの対応 救出の基本 閉じ込められた人を助ける

バールやハンマーなどの資機材が見つからない場合は、何が代用できるかを常に考えて探すようにしましょう。

閉じ込められた扉を壊す方法

扉のすき間に、バールや金コテを差し込んで、てこの原理を利用してこじ開けます。

子どもに扉近くから離れるように指示する

ドアのすき間にバールを差し込む

常に救助器具の代用品を探す

まずはこれから！

資機材の活用

ガラスを割るときは、飛散防止のためにガムテープを貼ってから割ると飛び散りません。ハンマーやトンカチがないときは、ポリ袋（ストッキングでも可）に石や小銭を入れて割ります。破片が入らないよう、必ずゴーグル、マスク、手袋を着用します。
また、扉を壊すときは、バールや金コテを使います。ないときは物干し竿などで代用できます。

ケガ 救出の基本 閉じ込められた人を助ける

ネイルハンマー

バール

金コテ

救助に車を活用する
- 重い物を除去するときは、車で牽引する。
- 投光器のかわりに、車のライトで照らす。
- 車の中にある工具類を使う。ジャッキやどんな工具があるのかを確認しておく。

2章 ケガの対応　救出の基本　下敷きや挟まれた人を救う

「自分が助ける！」という強い自信を持ち、正しく救助器具を使って救助活動にあたりましょう。

下敷きになった人を救助する手順

①バールや鉄パイプを差し込んで、てこの原理で押し上げてすき間をつくる。
②再び崩れないように、体の近くに堅くて安定した角材などを差し込む。

ジャッキは、バールですき間を作ってから差し込む

バール、鉄パイプは、てこの原理で！

③ジャッキで持ち上げる。
④慎重にゆっくり救い出す。救い出すときは無理に引き出そうとせずに、けがの状態を見ながら声を掛け続けて行なう。

女性の力でも救助できる！と自信を持って行動する

これだけはおさえよう！

要救護者の状態を確認する

- 下敷きになった要救護者はクラッシュ症候群に注意する。（P.74 参照）
- 出血していたら、救出作業をしながら止血する。
- 救出の優先は、人命の危険が切迫している人および救出作業が容易な人から行なう。

注意！Point 救助中は子どもたちにショックを与えないように見せない配慮をする。

ケガ　救出の基本　下敷きや挟まれた人を救う

てこの原理を利用する

女性の力でもてこの原理を利用すれば、重い物を動かすことができます。

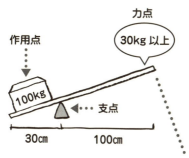

※棒の長さは長いほど楽ですが、材質が弱いと支点で折れることもあります。

2章 ケガの対応 救出の基本 ロープの使い方

災害時のロープの活用方法

- 人を降ろす
- 物の上げ下げ
- 倒壊しそうな物を支える
- 倒壊物を引っ張って移動させる
- 物を固定する　など

救助ロープの結び方

救助ロープは、災害時には命綱となって人を助けます。
用途ごとに基本の結び方を覚えましょう。

ロープの長さが足りないときは
「本結び」でロープをつなぐ

2本のロープを結び合わせる「本結び」で長くします。

輪がしまる

物をつり下げたいときは
「ふた結び」にする

ロープで物につなぎます。

輪がしまる

状況に応じて最適なロープの結び方を知っておくと安心!

これだけはおさえよう!

子どもをつり上げて救助するときは「もやい結び」をする

ロープを人や柱に結び付けるときに使える重要な結び方の一つで、ほどけづらく、解きやすいのが特徴です。

1

2

3

ケガ 救出の基本 **ロープの使い方**

4

輪の調節が可能

5

子どもを安全につって上げ下げするときに活用します。

使用前に救助ロープの長さと強さを必ず確認!

人命救助に使うロープの破断強度は、一般的に体重の8倍が目安。

2章 ケガの対応 救命方法 心肺停止

心臓が止まっていた場合は状態を把握し、すぐに胸骨圧迫やAEDを使用し、救命措置を行ないます。やり方・使い方をしっかりとおさえておきましょう。

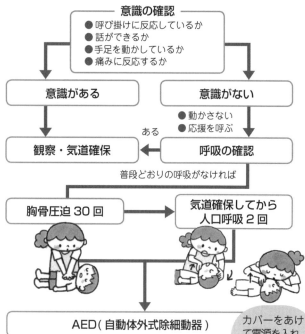

AEDガイダンスに従って作動させる

カバーをあけて電源を入れ、ガイダンスに従うだけ！

未就学児には、小児用パッドと小児用モードのあるAEDを使います。小児用パッドがないときは、成人用パッドを使いますが、小学生以上には小児用パッドを使ってはいけません。

万が一、AEDがない場合にも救命措置がとれるように！

まずはこれから！

AEDが近くにない場合は、胸骨圧迫

AEDがなく呼吸していない場合、「胸骨圧迫」を1分間に100～120回のテンポで絶え間なく行ないます。押したらしっかりと胸を元に戻します。

押しっぱなしにならないように！

ケガ 救命方法 心肺停止

乳児の場合

圧迫位置
両乳頭を結ぶ線の少し下の、胸の真ん中を圧迫

乳児は、胸の厚さの約3分の1まで押す強さで、中指と薬指2本で胸を圧迫する

幼児の場合

圧迫位置
両乳頭を結ぶ線、胸の真ん中を圧迫

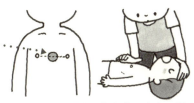

幼児は、胸の厚さの約3分の1まで押す強さで、片手で胸を圧迫する

大人の場合

両手の組み方
手の付け根部分で圧迫する

大人は、胸を5～6cmまで押す強さで、両手で胸を圧迫する

2章 ケガの対応 — 応急手当て 止血

一度に大勢の職員や子どもがけがをし、出血した場合を想定して、どの程度の出血から優先的に対応するのか、トリアージ(識別救急)を決めておきましょう。

出血の種類

緊急性を要するのは、動脈性の出血です。一刻も早く直接圧迫止血法で応急手当てをします。

動脈性の出血

鮮紅色の血が、ピューッと勢いよく噴き出す。

静脈性の出血

暗赤色の血が、じわじわと流れ出てくる。

出血の危険性

人間の全血液量は、体重1kgあたり約80mℓ。一時的にその30%以上を失うと生命の危険があります。すばやく止血することを最優先しましょう。

体重	全血液量 (体重の8%)	出血性ショック (体重の20%の出血量)	生命の危険 (体重の30%の出血量)
10kg	0.80ℓ	0.16ℓ	0.24ℓ
20kg	1.60ℓ	0.32ℓ	★ 0.48ℓ
30kg	2.40ℓ	★ 0.48ℓ	0.72ℓ
40kg	3.20ℓ	0.64ℓ	0.96ℓ
50kg	4.00ℓ	0.80ℓ	1.20ℓ

★ 約500mℓペットボトルと同量

- 保育者も目安に
- 1歳児(10kg)は300mℓ弱で生命の危険

命に関わる出血を最優先で止血する！

まずはこれから！

止血の方法

直接圧迫止血法

- 傷口をガーゼなどで強く押さえて圧迫する。
- 感染防止のため、ビニール手袋を使って血液に触れない。

ケース別の手当て

ケガ 応急手当て 止血

ガラスで手や足を切ったとき

- 傷口とガラスを洗い流し、ガーゼで止血する。
- ガラスが深く突き刺さっていたら、抜かずに傷口を保護して、そのまま医療機関へ搬送する。

転んで顔や手を切ったとき

- 傷口を、ガーゼなどを使って直接圧迫止血法で止血する。
- 傷口を心臓より高くして、医療機関へ搬送する。

飛んできた物で鼻血が出たとき

- 鼻血は、座って軽く下を向き、小鼻を強くつまむ。

2章 ケガの対応 応急手当て ねんざ・骨折

ねんざ・骨折どちらも安静が大切です。まず、①痛いところを聞く。②腫脹・変形・出血の確認。③固定。この基本を覚えましょう。

ねんざしたとき

① 安静にさせて、患部を冷やす。

② 副え木をして、包帯などで固定する。

③ 患部をクッションなどにのせて、心臓より高い位置に上げる。

【使う物】
包帯（三角巾）、テープ、冷やす物（冷感シップ、氷水入りポリ袋　など）

骨折したとき

①安静にさせて、出血している場合はまず止血をする。
②副え木を当てて包帯などで固定する。

※ 変形していてもそのまま固定。痛みが強いときは無理に固定しない。

【使う物】
包帯（三角巾、タオル）、テープ、副え木（段ボール、新聞紙、板　など）

ねんざも骨折も動かさないための手当てをする!

これだけはおさえよう!

部位別の副え木の当て方

骨折部を挟んだ上下の関節を固定する。

足の骨折

足の両側にかかとまで副え木を当てる。

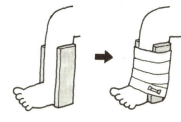

手の骨折

腕から指までを固定する。

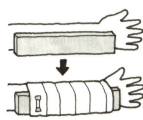

足首・手首の骨折

厚く畳んだタオルで固定する。

ねんざと骨折、迷ったら?

骨折とねんざの見きわめは難しいですが、判断に迷ったら骨折として扱います。

2章 ケガの対応 応急手当て 脱臼・打撲

引っ張られて腕が脱臼したとき

①脱臼している箇所を見つける。
②三角巾や副え木で固定して搬送する。

【使う物】
三角巾、包帯、テープ、タオル、副え木（段ボール、板 など）、冷やす物（冷感シップ、氷水入りポリ袋 など）

三角巾の使い方

脱臼・ねんざ・骨折のとき　　　頭のけがのとき

打撲と思っていてもこんな様子なら即座に搬送！

打撲の場合、子どもが泣かずにぐったりしている様子の際には、迷わず病院へ搬送しましょう。

- ●意識不明　●呼吸困難
- ●顔色が青ざめている　●ぐったりしている
- ●激しく泣く　●患部の大きな腫れ
- ●出血　●嘔吐　●骨折や脱臼の疑いがある

打撲後の様子がおかしければ迷わず搬送！

まずはこれから！

ケース別の手当て

転んで手足を打ったとき

① 傷があれば流水で洗い流す。断水していたら、蒸留水（精製水）を使う。
② 清潔なガーゼで傷を保護し、その上から冷やす。

落下物で頭を打ったとき

① 意識がない、泣かない、ぐったりしているなどの様子が見られたら、すぐに病院へ搬送する。
② 意識があれば、腫れや痛みが引くまで患部を冷やす。

落下物で胸やおなかを打ったとき

① 安静にさせて、衣類をゆるめて楽な姿勢にさせる。
② 痛みが治まるまで安静にさせる。

【使う物】
包帯、三角巾、ガーゼ、冷やす物（冷感シップ、氷水入りポリ袋　など）

ケガ
応急手当て
脱臼・打撲

2章 ケガの対応 応急手当て やけど

やけどが軽いか重いかは、やけどの深さと広さで決まります。子どもは小さなやけどでも命に関わることがあるので、すぐに医療機関へ搬送します。

火災でやけどをしたとき

① 清潔なガーゼ（またはラップフィルム）で覆って水ぶくれが破れないようにする。
② すぐに医療機関に搬送する。

断水時の対応

ペットボトルの水を流水して冷やすか、清潔な布かタオルを水で頻繁に濡らして冷やします。

やけどの重症度

- Ⅰ度・・・皮膚が赤く、ヒリヒリする
- Ⅱ度・・・水ぶくれ、焼けるような痛み
- Ⅲ度・・・白または黒っぽい、痛みを感じない

痛みを感じる神経まで損傷している危険な状態

体の面積の10%以上の範囲をやけどしたら命の危険！ すぐに搬送を

手のひらの面積が、体の約1％

やけどは、重症度と範囲ですぐに判断する

これだけはおさえよう！

やけどを冷やすとき、低体温に注意する！

長時間冷やし続けると低体温に陥ることがあります。寒がっていたら、やけどの部位だけ冷やし、体は温めるようにします。必要に応じてレスキューシート（遭難時用の保温シート）で全身を覆います。

ケガ
応急手当て
やけど

部位ごとの対応

顔のやけど

濡らしたタオルで包んで冷やす。顔のやけどは、範囲が小さくてもすぐに搬送する。

広い範囲のやけど

ペットボトルの水を衣類の上からかけ、冷やし続ける。体温が下がりすぎないように注意しながら、すぐに搬送する。

2章
ケガの対応　**応急手当て**　脱水症・熱中症

子どもは脱水弱者！
脱水のサインを見逃さない

これだけは
おさえよう！

子どもは大人に比べて体内の水分含有量が
70〜80％と多く、体温調節機能が未発達で脱水
しやすく、代謝が活発なために、たくさんの水分
が必要です。下記の症状があったらすぐに搬送し
ます。

脱水症・熱中症の症状
☐ ぐったりしている、けいれん
☐ 反応が鈍い
☐ 汗や尿が出ない
☐ 嘔吐や下痢
☐ 発熱、頭痛
☐ 口、唇、舌の乾燥

【対策】とにかく早く体温を下げる

● 上記の症状があったら服を脱がせ、ペットボトルの
水を首・脇の下・太ももの付け根にかけてうちわ
であおいで体を冷やす。
● 経口補水液（なければ牛乳かお茶）を少しずつ何回
かに分けて与える。

真夏の避難時には特に注意を！
特に真夏に起こった災害時には、園内・園庭のどちらにい
ても、気温や室温をチェックして、水分補給を心掛け、子
どもの体調変化によく注意しましょう。

2章 ケガの対応 — 応急手当て 低体温症

低体温症は死亡率の高い恐ろしい疾患！

まずはこれから！

低体温症は深部体温が35℃以下の状態になることです。子どもは特に急激に体調が変化するので注意しなければなりません。

低体温症のサイン

- □ ガタガタ震えている（重症になると震えがなくなる）
- □ 唇が紫になっている
- □ 鳥肌になっている
- □ 意識がはっきりしない

【対策】停電時の温め方

- すぐに設営できるワンタッチテントに集めて、お互いの体温で温め合う。
- 湿った着衣は着替えさせる。
- 毛布やタオルケットで体を覆う。
- 手足の付け根を、湯たんぽやカイロで温める。
- 温かい飲み物を与える。

注意！Point 急激に加温や手足のマッサージをするとショックを引き起こす可能性があります。

東日本大震災では低体温症で命が奪われた！

東日本大震災では、寒さと津波、風で急激に体温が下って低体温症に陥り、多くの人の命が奪われました。特に子どもは、低体温症に陥りやすいので注意しましょう。

ケガ 応急手当て 脱水症・熱中症

低体温症

2章 ケガの対応 災害時の疾患 クラッシュ症候群

クラッシュ症候群とは

倒壊した柱や家具などに長時間体の一部が挟まれて圧迫されていた被災者が、救助された後に発症する様々な症候のことです。救出された直後は、特に目立った症状がないため、重症化していても気付きにくく、子どもは短時間でも危険な状態になることがあります。「早期発見」「早期治療」が一番の解決策になります。

救助中に注意すること

- 救出が長引く場合は、少しずつ水を補給
- 圧迫されている部位を確認する
- 圧迫している物をゆっくり取り除く
- 救出までの時間をメモして、医療機関にクラッシュ症候群の疑いありと伝える

2時間以上、下敷きになったら クラッシュ症候群を疑おう！

これだけはおさえよう！

クラッシュ症候群が起こる理由

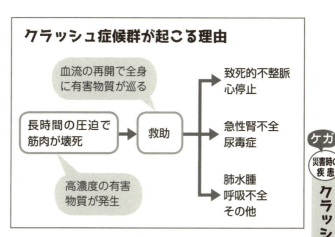

長時間の圧迫で筋肉が壊死 → 救助

- 血流の再開で全身に有害物質が巡る
- 高濃度の有害物質が発生

→ 致死的不整脈 心停止
→ 急性腎不全 尿毒症
→ 肺水腫 呼吸不全 その他

こんな症状は クラッシュ症候群の可能性あり！

- □ 成人は4時間、子どもや高齢者は2時間以上、腰・腕・ももなどが、がれきの下敷き状態だった
- □ 意識の混濁　□ 脱力感
- □ チアノーゼ　□ 尿に血が混じる
- □ 軽度の筋肉痛や手足のしびれ
- □ 尿の量が減る

この症状が出る前に、救助したらすぐに搬送！

対処方法

● 体圧迫部位より心臓に近い所をタオルなどで縛る。

注意！ Point

クラッシュ症候群は本人も周りも重症と気付かない恐ろしさがあります。救助中、元気で意識がしっかりしていてもすぐに医療施設に搬送！

ケガ　災害時の疾患　クラッシュ症候群

2章 ケガの対応 **災害時の疾患**

エコノミークラス症候群

エコノミークラス症候群とは

食べ物や水分をとらない状態で、窮屈な場所に長時間座っていて足を動かさないときに起こります。血行不良が起こり、血液が詰まりやすくなり、血栓が血管の中を流れて肺に詰まり、最悪死に至る場合があります。
長時間（6時間以上）同じ姿勢で、運転・デスクワーク・ゲームをしている人も発症することがあります。40歳以上の女性は特に注意しましょう。

こんなサインに注意！

- 胸の痛み
- 息苦しさ
- 足の痛み
- 足のむくみ

血栓が、脳、肺、心臓に詰まる！

立ち上がると、血流で血栓が流れる！

長時間同じ体勢でいると、足の静脈に血栓ができやすくなる！

災害時だけでなく、日頃から注意を！

これだけはおさえよう！

予防するためには

- 急に立ち上がらない
- 軽い体操やストレッチ運動を行なう
- こまめに十分な水分をとらせる
- ゆったりした服装にする

予防のためのストレッチ運動

ケガ
災害時の疾患
エコノミークラス症候群

足の指のグーパー運動

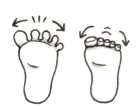

爪先上げ

片脚上げ

かかと下げ

ストレス発散のためにも運動を！

予防のストレッチ運動を、遊びのようにして子どもたちにも教えましょう。

77

2章 ケガの対応　搬送方法　搬送方法の基本

一刻も早く搬送したいと気が焦りがちですが、被災状況や道路状況を確認して、安全確保を徹底して搬送しましょう。

❶ 搬送計画

ベビーカー、散歩車、キャスター付きのイス、台車 など

- 負傷者数と搬送可能な職員数から、一番効率的な搬送方法を決める。
- 搬送する職員の体力を考えて、散歩車などを使った搬送手段を決める。
- 車が使える場合は、道路状況を確認し利用する。

- 搬送前に、災害時医療救護所などの搬送先を確認する。
- 自治体の地域防災計画「災害時の医療体制」を確認しておく。

搬送中の安全確保を徹底する！

まずはこれから！

❷ 搬送者の優先順位を決める

- 重症者から優先的に搬送する。出血量、クラッシュ症候群、大やけどなど一刻の猶予もない人を速やかに判別・搬送する。

ケガ　搬送方法　搬送方法の基本

❸ 状況の報告と持ち物

- 職員は、2人1組以上のコンビで行動。負傷者に付き添う。
- 園への報告を頻繁に行ない、園から保護者に連絡をしてもらう。

- 携帯する物
  - 負傷者の身分が分かる物（保険証のコピーも）
  - お金
  - 携帯電話（無線機　など）
  - 持病や既往症などの情報と薬　など

2章 ケガの対応 　搬送方法　搬送方法

災害時にはどこまで搬送するのか未知数です。仮に長距離になったとしても、体力的に負担のない搬送方法を考えておきましょう。

```
救急車が来てくれる
├─ Yes → 付き添い
│         ├─ Yes → 途中でダメになった場合を想定してベビーカーやさらしを持っていく
│         │         ├─ Yes → スーパーのカート、キャスター付きのイス、散歩車、キャスター付き担架、ベビーカー など
│         │         └─ No  → 人力で交代要員を確保して搬送（担架、さらし など）
└─ No  → 車が使える
          └─ No → 台車になる物を用意する
```

担架の作り方

● 毛布
1/3の位置に棒を置き、毛布を折り返す

● 上着
2本の棒に上着を通していく

誰かの助けがなければ、命は守れない！

これだけはおさえよう！

大人を1人で搬送する場合

背部から後方に移動する方法で、おしりをつり上げるようにして移動させます。

大人を2人で搬送する場合

手を組んで搬送する。

前後を抱えて搬送する。

ケガ 搬送方法

搬送方法

キャスター付きのイスに固定して搬送する場合

意識のない人は、イスの背もたれに板を挟んで、ベルトを巻いて頭を支える

1人が後ろから押し、横に1人付き添う

後ろから押す人

Column ❷

「さらし」は万能ツール

「さらし」は綿製の 10 〜 20m ある長い織物で、手ぬぐいや乳児の肌着にも使われています。被災時には、止血帯や包帯、乳幼児をおぶっての避難など、多様に活用できる防災の万能ツールです。薬局、ドラッグストア、和装小物店、ネット通販などで購入することができます。ぜひ普段から活用してください。

さらしの活用例
止血、包帯、布おむつ、布ナプキン、下着の替え、手ぬぐい、タオル、雑巾、避難ロープ、命綱 など

子どもをおんぶ・抱っこする方法

さらしでおんぶや抱っこができるように訓練しておくと、いざというときに役立ちます。

背中でおんぶ

背中とお尻を固定する

胸元でしっかり結ぶ

前抱っこ

首が据わる前の乳児も抱っこできる

3章

普段からできる対策

安全対策の基本や場所別の注意事項、また、ハザードマップの活用、保護者との連携、備蓄などについて解説しています。普段から災害が起こることを想定し、十分な準備をしておきましょう。

あぶないよ

3章 普段からできる対策

安全対策 普段からできる6つの防災貯金

保育者一人ひとりが、普段から少しずつ防災に取り組めば、それは大きな防災貯金（防災力の向上）になります。

❶ 必要な物は手元に

災害時に必要な物(ヘルメット など)は、必要な場所の近くに置くことで迅速に対応できる。

❷ 片付け上手が防災上手

普段から、保育室はもとより園内の整理整頓を心掛ける。できるだけ物はしまい、棚の上に置かないように心掛ける。

❸ 備えあれば憂いなし

保育者個人も自分に必要な物を用意し、園全体では発電機と投光機、浄水器やプロパンガスなどライフラインの代替品もあれば更に強固な備えになる！

毎日少しずつ防災貯金を！

まずはこれから！

❹ 常に災害を想像する

常に災害を想像して、散歩、遠足、お泊まり会などでもとるべき行動を考えておく。

❺ 子どもたちと防災遊び

防災は特別ではなく、普段の遊びや学びの一つとして、自然に知識が身につくようにする。

❻ みんなで支え合う意識を持つ

同僚や保護者、地域の方と災害時にできることを話し合い、互いに支え合える関係を築いておく。

普段 安全対策 普段からできる6つの防災貯金

3章 普段からできる対策

安全対策 保育室

✓事前にチェック

- [ ] ドアの近くに大きな家具や物はないか？
- [ ] ピアノや棚は固定しているか？
- [ ] ガラスに飛散防止対策をしているか？
- [ ] 天井の照明・空調機器は落下しないか？
- [ ] 子どもが集まれる安全なスペースがあるか？

ピアノや棚などの家具は壁に固定する

避難路となるドアの前には物を置かない

植木鉢や水槽などは、室内に置かない！
棚の上の物には、滑り止めシートを敷く

「あぶないよ」ステッカー

保育者がいなくても子ども自身で危険物から離れ、安全な所へ動けるように、揺れで転倒・飛来・落下・移動する物に自作の「あぶないよステッカー」を貼り、子どもに「揺れたらすぐにここから離れる」ことを教えましょう。

※ コピーしたり、色画用紙などで作ったりしましょう。

家具は、重さや低さに関係なく凶器になると認識すべし！

これだけはおさえよう！

合わせガラスではない窓には飛散防止フィルムを貼る

壁掛け時計はガラスを外す、または割れない素材の時計を選ぶ

滑り止めシートを敷くか棚の前面をカーテンで覆い、面ファスナーで留めると飛び出し防止になる！

普段 / 安全対策 / 保育室

安全スペース「あつまれ」

避難路の近くに、物や棚のない安全スペースを設けて、地震が起きたら、そこに集まるようにします。床にビニールテープで囲い、安全スペースが分かるようにしておきます。

3章 普段からできる対策 — 安全対策 教材庫

✓事前にチェック

- [ ] 出入り口を塞ぐ位置に棚はないか？
- [ ] 棚は固定しているか？
- [ ] 棚の中の物の飛び出し防止対策はできているか？
- [ ] 閉じ込めを想定した笛やバールなどの備えはあるか？

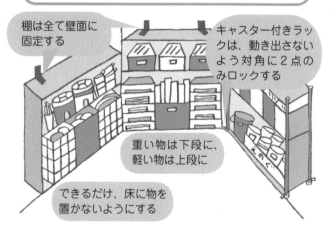

- 棚は全て壁面に固定する
- キャスター付きラックは、動き出さないよう対角に2点のみロックする
- 重い物は下段に、軽い物は上段に
- できるだけ、床に物を置かないようにする

教材庫に防災グッズを置かず、いざというときに取り出しやすい場所に置くようにしましょう！

棚の落下防止策

棚の中の物の落下防止グッズ（ベルト、ワイヤー、滑り止めシート、ビニールひも など）を活用しましょう。他にも自転車の荷ゴムひもを棚に渡すだけでも、落下防止対策になります。

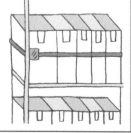

安全対策 倉庫

✓事前にチェック

- □ 整理整頓できているか？
- □ 棚やラックは壁に固定されているか？
- □ 防災備蓄品や資機材は、取り出しやすく分かりやすい場所に置いてあるか？
- □ 扉を塞ぐ恐れのある、飛び出しやすい置き方をしていないか？

重い物は下段に、軽い物は上段に

倒壊しても扉を塞ぐような棚の配置にしない

防災備蓄品や資機材が取り出しやすいかどうかという視点でチェックしてみよう！

普段 安全対策 教材庫 倉庫

防災用品を迷子にしない！

防災用の資機材は、棚や箱にラベリングし、倉庫のレイアウト図を貼って、設置場所がすぐに分かるようにしておきます。

3章 普段からできる対策
安全対策 休憩室・ロッカー

✓事前にチェック

- □ ドアを塞ぐ恐れのある物はないか？
- □ ロッカーを部屋中央に置いていないか？
- □ ロッカーは壁面固定しているか？
- □ ロッカーの上に物を積み上げていないか？

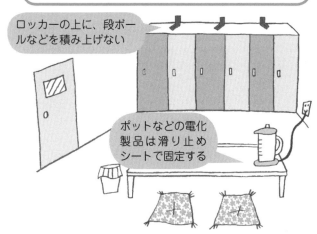

ロッカーの上に、段ボールなどを積み上げない

ポットなどの電化製品は滑り止めシートで固定する

休憩室を安全なスペースにしておけば、負傷者の救護室の代わりに！

休憩室で閉じ込めに遭わないために！

出入り口が1か所しかない部屋が更衣室や休憩室に利用されている場合は、ロッカーや冷蔵庫が固定されていないと、倒れて負傷したり閉じ込められたりする恐れがあります。

安全対策 事務室・保健室

✓ 事前にチェック

- □ 机の上は書類が山積みになっていないか？
- □ プリンターやパソコン、放送設備などの電子機器は固定されているか？
- □ キャビネットの固定と、扉にストッパーを取り付けているか？
- □ 災害時に必要な書類や医療品はすぐ取り出せるか？
- □ 床に置きっぱなしの段ボールはないか？

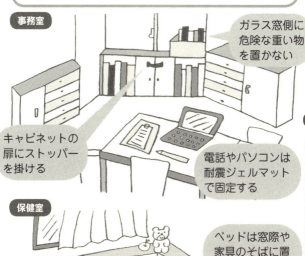

事務室
- ガラス窓側に危険な重い物を置かない
- キャビネットの扉にストッパーを掛ける
- 電話やパソコンは耐震ジェルマットで固定する

保健室
- ベッドは窓際や家具のそばに置かない
- 救急医療品や薬はすぐ取り出せる場所に収納し、扉にストッパーを掛ける
- いつも清潔で安全なスペースを心掛ける

普段 安全対策 休憩室・ロッカー

事務室・保健室

3章 普段からできる対策

安全対策 ホール

✓ 事前にチェック

- [ ] 天井材や壁材の耐震性はあるか？
- [ ] ピアノや遊具棚などは固定しているか？
- [ ] ガラス窓に飛散防止対策をしているか？
- [ ] ガラス窓の近くに衝突する物が置かれていないか？
- [ ] 天井の照明は落下しないか？

天井材や壁材の耐震性を事前にチェックする

スタッキングチェアは、崩れないように固定する

ピアノは固定する

常に避難の動線を確保する

地震でホールの天井が落下する事例が多くあります。非構造部材の耐震性について、事前に確認しておきましょう。

ホールにも安全スペースの「あつまれ」を！

ホールにも安全スペース（P.87）を設けましょう。天井からの落下物を避けられる大きなはりの下など、ホールの構造に応じて安全な場所を決めます。

安全対策 エントランス（出入り口）

✓ 事前にチェック

- □ 出入り口を塞ぐ物はないか？
- □ 重い装飾品や水槽を置いていないか？
- □ 玄関のドアが開かなくなったときに、こじ開ける資機材や、飛散物を片付ける掃除道具はあるか？
- □ 停電時の代替照明は確保できるか？

- ガラス窓や扉は、飛散防止対策をする
- 園内からエントランスへの避難動線に、危険な物を置かない
- 危険な花瓶や水槽は置かない
- 避難に備えて、いつも広いスペースを確保しておく

園外へ避難する際の重要な避難経路です。安全確認は念入りに。また、玄関がオートロックになっている園は、停電時の開け方を確認しておきましょう。

エントランスにもヘルメットを

避難時に備えてエントランスに、職員や来客用の防災ヘルメットを置きましょう。バスケットボール用の筒型バッグに入れておけば、持ち運びや収納に便利です。

ボール3個用バッグに10個ほど収納可能

3章 普段からできる対策

安全対策 ハザードマップ

園でどのような災害が起きうるかを知る

地域によって災害の特性は違います。まず、ハザードマップで特性を知り、被災地の教訓を学び、分からないことは専門家に聞き、災害の知識を高めましょう。

定期的にハザードマップ勉強会を

自治体で発行しているハザードマップは改訂されます。常に新しい情報を確認しましょう。様々な種類のハザードマップの情報を重ねて、地震＋液状化＋火災など、複数の災害が同時に起こる最悪の事態にも備えましょう。

危険な地域に×をつけて可視化しておこう！

散歩ルート上の危険な場所を確認しておかないと…！

地震＋火災だったら？どこに避難しよう？

洪水のときは、上階避難が良さそう！

園の災害リスクの特性を聞く！ 知る！ 共有する！

これだけはおさえよう！

災害の種類によって変わる避難行動を確認しよう！

地震　震度分布図で揺れの大きさを確認。建物の耐震性や園内の被害から、避難すべきかを含めて行動を考える。

液状化　液状化しやすい地域では、事前に避難する場所を決めておく。

火災　火災危険地域なら、建物の耐震性があってもすぐに広域避難場所へ行くように決めておく。

洪水　海抜、川上か川下かという園の位置情報、堤防やダムの情報をチェックして避難するタイミングと避難場所を決めておく。

津波　津波の到達時間に応じて、最短で行ける避難場所と避難方法を決めておく。

土砂災害　土砂災害警戒区域、土砂災害特別警戒区域かどうかを確認して避難場所とタイミングを考えておく。

火山　噴火警報レベル4になったら、すぐに避難できる準備を整えておく。

普段　安全対策　ハザードマップ

「国土交通省ハザードマップポータルサイト」と入力して検索！
https://disaportal.gsi.go.jp/

3章 普段からできる対策 （連携）保護者との連携

登園・降園途中に災害に遭ったときの対応を共有

登園・降園時を想定し、保護者と災害時の行動を決めておきましょう。無理に登園・降園させないという判断も大切です。

徒歩通園の場合

一時避難できる安全な場所で待機する。

自動車通園の場合

一旦停止し、ラジオの情報や周囲の被害状況から判断し、最も安全な場所に移動する。車を置いて避難する場合は、緊急車両の通行の邪魔にならない空き地などに駐車させる。

通園バスの場合

一旦停止し、より安全な場所に移動し、園と連絡を取って、その後の行動を判断する。

通園路の地域防災マップ

保護者と一緒に、園の周辺を散歩して、災害時に危険な場所、安全な場所を書き込んだ「通園路の地域防災マップ」をつくってみましょう。

共に学び、助け合う意識で保護者と連携！

まずはこれから！

保護者への引き渡し

①事前に、保護者に「引き渡し」方法を伝える

- 引き渡しルールを決めておく。
- 引き渡しカードを作成し配付する。
- 引き渡しカードの情報をもとに名簿を作成する。

②引き渡し方法の確認

- 名簿をもとに、引き取り者名を確認する。
- 子どもに、保護者で間違いないか確認させる。
- 引き渡し時に、今後の住まいと連絡先を聞く。
- 災害情報や注意点を伝え、安全行動を促す。

普段 連携 保護者との連携

【注意】
保護者への確認なしに、代理で来た親族や知人に子どもを引き渡さない！　保護者と連絡が取れるまで待機してもらう。

3章 普段からできる対策

備蓄 クラスとしての備蓄

子ども個人の分は"自助バッグ"に

食物アレルギーなど子どもの特性に対応するには、保護者に自助バッグを用意してもらい、園で預かるのも一案です。

乳児担当者がクラスに用意するもの

- 園防災マニュアル
- 引渡名簿（担当園児名）
- 担当園児保護者緊急連絡網
- 筆記用具
- 哺乳瓶 ●粉または液体ミルク
- 紙コップ ●湯の入ったボトル
- 紙おむつ
- お尻拭き
- ジッパー付きビニール袋
- おんぶひも、またはさらし
- 応急手当て用品
- タオルケット
- 乳児用体温計
- タオル ●敷物
- 防災ずきん（子ども）
- ヘルメット（大人）
- ワンタッチテント
- ヘッドライト
- 手回し式ラジオ
- 折り畳み給水袋

など

家庭で用意してもらう自助バッグ

- ポーチサイズの袋
- レインコート ●靴下
- マスク ●おむつ
- 紙パックのジュース
- おやつ（離乳食とスプーン）
- タオルハンカチ

を家庭で用意してもらう。

↓

乳児クラスの分をまとめてボストンバッグなどに入れて園で保管しておく。

子どもに必要な物は保護者に "自助バッグ"を用意してもらおう

これだけはおさえよう！

幼児担当者がクラスに用意するもの

- 園防災マニュアル
- 引渡名簿（担当園児名）
- 担当園児保護者緊急連絡網
- 筆記用具
- 誘導ロープ
- ウェットティッシュ
- サバイバルブランケット
- おんぶひも、またはさらし
- 応急手当て用品
- 携帯用トイレ
- トイレットペーパー
- 消臭剤
- バスタオル
- 体温計
- 敷物
- ワンタッチテント
- ヘッドライト
- ヘルメット
- 手回し式ラジオ
- 折り畳み給水袋

など

家庭で用意してもらう自助バッグ

- リュックになるナイロン袋
- 靴下 ●マスク ●下着
- 手袋 ●おやつ
- ゼリー飲料
- レインコート ●簡易トイレ

を各家庭で用意してもらう。

↓

各自のロッカーや引き出しに入れておき、避難訓練で自分で背負えるように指導する。

普段 備蓄 クラスとしての備蓄

99

3章 普段からできる対策

備蓄 保育者個人としての備蓄

個人の物もしっかり備蓄して

園で忘れがちなのが個人の備えです。災害時に自分が必要とする物もしっかり備えて力を発揮できるようにしましょう。

個人の物は防災ベストに

個人の備蓄は両手が空く防災用ベストに入れておきましょう。ベストの裏表にポケットが付いていて収納力があり、重さを感じにくいです。園児やクラス用のリュックも背負えて便利です。

両手が使えて、子どもを背負える

イスの背に掛ければ、すぐに羽織れる

自分に必要な物は、ロッカーや机に入れておこう

これだけはおさえよう！

防災ベスト・バッグに入れる物

- 笛・防犯ブザー
- 成人用オムツ（トイレに行けないときのために）
- 携帯トイレ
- 水に流せるティッシュ
- タオル
- 抗菌剤
- 止血パッド
- 小銭
- 携帯電話（スマホ）
- モバイルバッテリー
- 携帯電話充電器
- ゼリー飲料
- 栄養補助食品
- レインコート
- 個人の特性で必要な物（メガネ・コンタクト用品・生理用品・常備薬　など）
- マスク　●手袋
  など

普段 / 備蓄

保育者個人としての備蓄

3章 普段からできる対策

備蓄 園としての備蓄

園内用備蓄品

園内で過ごすための備蓄品

- 水、ミネラルウォーター
- おやつ ●非常食 ●粉ミルク
- 使い捨て哺乳瓶 ●浄水器
- 水用ポリタンク
- カセットコンロ ●カセットガス
- 災害用トイレ（ネット、袋）
- トイレットペーパー ●紙オムツ（園児用、成人用）
- お尻拭き ●ウエットタオル
- ニトリルゴム手袋 ●抗菌剤・消臭スプレー
- LED投光器 ●トランシーバー
- ポータブルテレビ
- 手回しラジオ ●LEDライトランタン
- 電池（単1・2・3）
- 掃除用品（ほうき、ちり取り、ガラ袋、粘着掃除シート）
- ポリバケツ ●ガムテープ ●マスク（箱で準備）
- 応急手当て用品
- 救助工具（ジャッキ、テコ、バール、斧）
- ブルーシート

　　　　　　　など

園の規模・状況に合わせて臨機応変にカスタマイズを!

これだけはおさえよう！

園で用意すべき応急手当て用品

- ●包帯 ●殺菌ガーゼ
- ●副子（ふくし）またはエアギプス
- ●止血パッド ●三角巾 ●はさみ
- ●ビニール手袋 ●消毒薬 ●サージカルテープ
- ●冷熱シート ●脱脂綿 ●綿棒
- ●体温計 ●とげ抜き ●マスク
- ●絆創膏 ●カイロ ●氷のう
- ●乳児用爪切り ●タオル ●さらし ●ワセリン
- ●油性マジック（負傷の状態を記録するときに役立つ）

※ 通常使わない物は、購入年月日を記入して保存期間を管理する

季節によって必要な物

夏 ●虫よけ ●うちわ ●ネッククーラー ●保冷剤

冬 ●カイロ ●湯たんぽ ●防寒用具

あると便利な物

- ●ノーパンク自転車 ●非常用発電装置（燃料）
- ●無線機 ●衛星電話
- ●浄水器 ●保温ポット
- ●長靴 ●防塵マスク ●全開できる寝袋
- ●台車 ●スコップ（ショベル）
- ●投げる消火器

普段 / 備蓄 / 園としての備蓄

3章 普段からできる対策

備蓄 散歩の所持品

> これだけはおさえよう！

毎日の散歩が防災訓練！いつも災害シミュレーションを

安全な避難場所を確認しながら散歩する

散歩中も子どもに災害時の対応などを話し掛けて防災教育を！

- 地域防災マップ
- 携帯電話（スマホ）
- モバイルバッテリー
- 筆記用具
- 笛・防犯ブザー
- 携帯トイレ
- 水に流せるティッシュ
- タオル
- 抗菌剤
- 止血パッド
- 敷物
- 手回し式ラジオライト

- ゼリー飲料または水
- おやつ
- ウエットティッシュ
- おんぶひも
  　　　　など

(備蓄) 遠足の所持品

知らない場所へ行くときがいちばん危険！ と心して

まずはこれから！

遠足前に下見に行くなど事前確認をしっかりしておく

目的地の災害特性は必ず事前チェックする

- 防災マニュアル
- 目的地のハザードマップ
- 拡声器
- トランシーバー
- 腕章（職員であることを示すため）
- 携帯電話（スマホ）
- モバイルバッテリー
- 筆記用具
- 笛・防犯ブザー
- 誘導ロープ
- 携帯トイレ
- 水に流せるティッシュ
- タオル
- 応急手当て用品
- 手回し式ラジオライト
- ゼリー飲料または水
- 長期保存のおやつ
- ウエットティッシュ
- おんぶひも
- 敷物

など

普段 / 備蓄 / 散歩の所持品 / 遠足の所持品

105

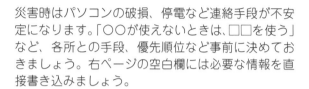

災害時はパソコンの破損、停電など連絡手段が不安定になります。「〇〇が使えないときは、□□を使う」など、各所との手段、優先順位など事前に決めておきましょう。右ページの空白欄には必要な情報を直接書き込みましょう。

❶園の一斉配信メール

保護者との連絡用「一斉配信メール」を活用。配信用のPCへのログイン、ID/PASSの管理者を事前確認しておく。

❷災害用伝言ダイヤル「171」

震度6以上の地震などの大規模災害が発生した際に、NTTが提供する音声伝言サービス。

❸携帯電話各社提供の「災害用伝言板」

携帯電話各社が提供する「災害用伝言板」サービス。事前に登録されたメールアドレスに園の安否情報が配信される。

❹SNSの活用

LINE、Facebook、Twitterなどの無料で利用できるSNSを安否情報や情報発信に活用する。

❺J-anpi　安否情報検索

https://anpi.jp/
携帯電話各社の災害用伝言板、各企業・報道機関が収集した安否情報もまとめて、一括横断検索できる共同サイト。

❻地域コミュニティFM

地域情報を発信するコミュニティFMラジオ局と連携して安否情報を発信してもらう。

園との 連絡方法	
園長との 連絡方法	
保護者との 連絡方法	
家族との 連絡方法	

災害時に役立ちます

職員間の連絡手段にトランシーバーを！

免許不要・簡単な登録手続き・安価な料金で使用できるデジタル簡易無線局のトランシーバーだと、通信距離1〜3km圏内で使えます。園内や近隣の被害状況を確認している職員との連絡手段に使えます。

災害時に役立つ施設 / 連絡先

●災害時に役立つ施設

施設名	連絡先
一時（緊急）避難場所	
広域避難場所（大火災）	
避難所	
給水所	
医療救護所	
災害時拠点病院	
消防署	
警察署	
役所・役場	
ガス会社	
電力会社	
水道局	
最寄駅	

●災害時に役立つ情報収集先

団体名	連絡先
内閣府	公式 Facebook ページ https://www.facebook.com/caojapan
クライシス レスポンスサイト	http://crs.bosai.go.jp/
首相官邸 （災害時・ 危機管理情報）	https://www.kantei.go.jp/ https://twitter.com/Kantei_Saigai
総務省消防庁	http://www.fdma.go.jp/ https://twitter.com/FDMA_JAPAN
気象庁	http://www.jma.go.jp/jma/ https://twitter.com/JMA_kishou
自治体 HP/SNS （都道府県）	
自治体 HP/SNS （市町村）	
河川の ライブカメラ	

自分と家族に役立つ防災情報

●家族の情報

自分の名前
電話番号／メールアドレス
生年月日／血液型
勤務園名／電話番号

①家族の名前／続柄
電話番号／メールアドレス
生年月日／血液型
勤務先名／電話番号

②家族の名前／続柄
電話番号／メールアドレス
生年月日／血液型
園・学校名／クラス／電話番号

③家族の名前／続柄
電話番号／メールアドレス
生年月日／血液型
園・学校名／クラス／電話番号

④家族の名前／続柄
電話番号／メールアドレス
生年月日／血液型
園・学校名／クラス／電話番号

●家族の防災マニュアル

◎家族との連絡方法（P.106 参照）

◎避難場所（地震）

場所

ルート

注意点

◎避難場所（大火災）

場所

ルート

注意点

◎避難場所（水害）

場所

ルート

注意点

<著者>

国崎信江 （くにざき　のぶえ）

横浜市生まれ。危機管理アドバイザー。危機管理教育研究所代表。防災・防犯・事故防止対策など生活上のリスク回避について調査研究し社会に提唱している。地震調査研究推進本部政策委員会などの国の防災関連の委員を数多く歴任。自治体の防災アドバイザーも務めている。講演活動やメディアで情報発信するほか、被災地での支援活動を発生直後から行なっている。主な著書に、『決定版　巨大地震から子どもを守る50の方法』（ブロンズ新社）、『実践！園防災まるわかりBOOK』（株式会社メイト）などがある。

< STAFF >
本文レイアウト／太田吉子
本文イラスト／菊地清美・坂本直子・すみもとななみ・たかぎ＊のぶこ
　　　　　　・TOFO・なかのまいこ・むらたさき
編集協力／西川公子（edit24）
企画・編集／松尾実可子・山田聖子・北山文雄
校正／文字工房燦光

ひかりのくに保育新書②
保育者のための防災ハンドブック

2019年8月　初版発行

著　者　国崎信江
発行人　岡本　功
発行所　ひかりのくに株式会社

〒543-0001　大阪市天王寺区上本町3-2-14　郵便振替 00920-2-118855　TEL.06-6768-1155
〒175-0082　東京都板橋区高島平6-1-1　　郵便振替 00150-0-30666　TEL.03-3979-3112
ホームページアドレス　https://www.hikarinokuni.co.jp
印刷所　図書印刷株式会社

©2019 Nobue Kunizaki　　　　　　　　　　　　Printed in Japan
乱丁、落丁はお取り替えいたします。　　　　　ISBN978-4-564-60927-5
　　　　　　　　　　　　　　　　　　　　　　NDC376　112P　18×11cm

本書のコピー、スキャン、デジタル化等の無断複製は著作権法上での例外を除き禁じられています。本書を代行業者等の第三者に依頼してスキャンやデジタル化することは、たとえ個人や家庭内の利用であっても著作権法上認められておりません。